So werden Sie ein würdiger Mitarbeiter

Donald P. Tamez

Inhaltsverzeichnis

Ratschläge für den Versuch, ein verdienstvoller Mitarbeiter zu sein: Kapitel sechs

Wie man in einer Firma aufsteigt, eine Gehaltserhöhung aushandelt und nach neuen Möglichkeiten sucht, die zu den eigenen Interessen und Fähigkeiten passen.

Fazit

Einführung

Es ist nur normal, dass Sie als Mitarbeiter Wertschätzung für Ihre Beiträge und Erfolge bei der Arbeit wünschen. Aber es braucht mehr, als nur Ihre Pflichten gut zu erfüllen, um sich wirklich als bedeutende Bereicherung für Ihr Unternehmen zu profilieren. Es erfordert Mut, was bedeutet, Risiken einzugehen, sich aus seiner Komfortzone herauszuwagen und konsequent nach Perfektion zu streben.

Kapitel eins

Anerkennung der Position eines Mitarbeiters

Das Verständnis Ihrer Funktion als Mitarbeiter am Arbeitsplatz ist entscheidend für Ihre Leistung und den Erfolg des Unternehmens als Ganzes. Ihre Leistung, Arbeitszufriedenheit und Teamfähigkeit können alle davon beeinflusst werden, wie Sie Ihre Rolle definieren. Wenn es darum geht, Ihre Position als Mitarbeiter zu verstehen, sollten Sie die folgenden wichtigen Faktoren im Hinterkopf behalten:

1. Überprüfen Sie Ihre Stellenbeschreibung, um Ihre

Verantwortlichkeiten besser zu verstehen: Dieses Dokument beschreibt die Aufgaben, Verantwortlichkeiten und Pflichten Ihrer Position. Es ist wichtig, Ihre Stellenbeschreibung zu verstehen, um Ihre Aufgaben effektiv zu erfüllen. Es ermöglicht Ihnen auch, sich Ziele zu setzen und Ihren Fortschritt zu verfolgen.

2. Erkennen Sie die Mission und die Werte Ihres Unternehmens: Um ein erfolgreicher Mitarbeiter zu sein, müssen Sie verstehen, wie sich Ihre Position in das Gesamtbild einfügt. Nehmen Sie sich etwas Zeit, um mehr über das Ziel und die Werte Ihres Unternehmens zu erfahren und wie sie sich auf Ihre Position beziehen. Dies kann Ihnen helfen, klügere

Entscheidungen zu treffen und sich auf die richtigen Prioritäten zu konzentrieren.

3. Kommunizieren Sie klar mit Ihrem Chef: Ihre Arbeit als Mitarbeiter zu verstehen, hängt von einer effektiven Kommunikation ab. Wenden Sie sich regelmäßig an Ihren Chef, um sicherzustellen, dass Sie die Erwartungen erfüllen, und um Feedback zu Ihrer Arbeit zu erhalten. Scheuen Sie sich nie, um Hilfe zu bitten, wenn Sie Klarheit zu einem Thema oder Hilfe bei einer Aufgabe benötigen.

4. Initiative ergreifen: Warten Sie nicht auf die Anleitung anderer. Seien Sie proaktiv und ergreifen Sie die Initiative in Ihrer Arbeit. Das kann bedeuten, dass Sie Ihre Zeit für brandneue Unternehmungen zur Verfügung stellen, potenzielle Entwicklungsfelder aufzeigen oder neue Konzepte vorlegen. Proaktives Verhalten zeigt Ihr Engagement für Ihre Arbeit und Ihre Bereitschaft, alles zu tun.

5. Bauen Sie Beziehungen zu Ihren Kollegen auf: Solide Beziehungen zu Ihren Kollegen können Ihnen helfen, Ihre Rolle zu verstehen und auf produktive Weise mit anderen zusammenzuarbeiten. Verbringen Sie etwas Zeit damit, Ihre Kollegen kennenzulernen, ihre Gedanken zu hören und gemeinsam an Projekten zu arbeiten. Sie können eine positivere und erfolgreichere Arbeitsatmosphäre fördern, indem Sie solide Beziehungen aufbauen.

6. Halten Sie mit Branchentrends Schritt: Da sich Branchen ständig weiterentwickeln, ist es entscheidend, mit den neuesten Trends und Fortschritten in Ihrer Branche Schritt zu halten. Dies kann Ihnen dabei helfen, neue Chancen und Probleme zu erkennen und sicherzustellen, dass Sie Ihre Arbeit so effektiv wie möglich erledigen.

7. Übernehmen Sie Verantwortung für Ihr Handeln: Als Mitarbeiter ist es entscheidend, Verantwortung für Ihr Handeln zu übernehmen. Dies bedeutet, Verantwortung für Ihre Handlungen zu übernehmen, Ihre Fehler einzugestehen und zu handeln, um sie zu beheben. Indem Sie Verantwortung übernehmen, zeigen Sie Ihr Engagement, Ihre Aufgaben kompetent zu erledigen, und Ihre Bereitschaft, an Ihren Fehlern zu wachsen.

Zusammenfassend ist es sowohl für Ihren Erfolg als auch für den Erfolg Ihres Unternehmens entscheidend, dass Sie Ihre Rolle als Mitarbeiter verstehen. Auf diese Weise können Sie dazu beitragen, ein glückliches und produktives Arbeitsumfeld zu schaffen.

Kapitel Zwei

Die Führung übernehmen

Ein guter Mitarbeiter muss zunächst bereit sein, Risiken einzugehen. Dazu gehört, offen für neue Perspektiven, kreative Problemlösungen und einfallsreiches Denken zu sein. Es bedeutet, keine Skrupel zu haben, den Status quo in Frage zu stellen und neue Lösungen für uralte Probleme zu versuchen. Indem Sie kalkulierte Risiken eingehen, demonstrieren Sie Ihre Bereitschaft, über das hinauszugehen, was von Ihnen verlangt wird, und Ihr Engagement, Lösungen zu finden, die für das gesamte Unternehmen von Vorteil sind.

Ein würdiger Mitarbeiter muss bereit sein, seine Komfortzone zu verlassen und Risiken einzugehen. Dazu gehört, offen für neue Schwierigkeiten und Chancen zu sein, auch wenn sie außerhalb Ihres Kompetenzbereichs liegen. Dazu gehört die Bereitschaft, sich neue Fähigkeiten anzueignen, neue Aufgaben zu übernehmen und sich an veränderte Bedingungen anzupassen. Dadurch zeigen Sie Ihre Anpassungsfähigkeit und Vielseitigkeit, zwei Qualitäten, die an jedem Arbeitsplatz sehr geschätzt werden.

Wenn Sie sich nicht auch der Perfektion verschrieben hätten, wäre das alles egal. Ein verdienter Mitarbeiter strebt nach Exzellenz in allen Facetten seines Berufs, von der Qualität seiner Leistung bis hin zum Umgang mit Kollegen und Kunden. Sie halten sich selbst an einen hohen Standard, sind stolz auf ihre Arbeit und suchen immer nach Möglichkeiten, sich weiterzuentwickeln und weiterzuentwickeln. Sie können eine starke Arbeitsmoral und ein Engagement für den Erfolg sowohl für sich selbst als auch für Ihren Arbeitgeber demonstrieren, indem Sie ein Engagement für Spitzenleistungen zeigen.

Viele dieser Eigenschaften resultieren aus der Bereitschaft, ständig zu lernen und sich weiterzuentwickeln. Ob durch offizielle Schulungsprogramme,

Mentoring-Möglichkeiten oder einfach durch das Sehen und Lernen von anderen, ein verdienstvoller Mitarbeiter ist ständig bestrebt, sein Wissen und seine Fähigkeiten zu erweitern. Sie sind bestrebt, in ihrer Branche auf dem Laufenden und relevant zu bleiben, weil sie sich bewusst sind, dass Lernen und Fortschritt kontinuierliche Prozesse sind, die nie wirklich enden.

All diese Eigenschaften ergeben zusammen einen verdienstvollen Mitarbeiter – jemanden, der kontinuierlich alles daran setzt, zum Erfolg seiner Organisation beizutragen und gleichzeitig effektiv in seiner Arbeit zu sein.

Kapitel drei

Produktivität bei der Arbeit

Wer beruflich erfolgreich sein will, muss mit seinem Vorgesetzten erfolgreich kommunizieren können. Eine verbesserte Work-Life-Balance, beruflicher Aufstieg und Arbeitszufriedenheit können alle das Ergebnis einer positiven Arbeitsbeziehung mit Ihrem Chef sein. Hier sind einige Hinweise für eine effektive und effiziente Zusammenarbeit mit Ihrem Vorgesetzten:

1. Kommunizieren Sie regelmäßig: Bleiben Sie immer in Kontakt mit

Ihrem Chef. Informieren Sie sie über Ihren Fortschritt und erbitten Sie ihre Meinung. So können Sie eventuelle Missverständnisse schon im Vorfeld ausräumen.

2. Erkennen Sie ihre Erwartungen: Es ist wichtig zu erkennen, was Ihr Chef von Ihnen erwartet. Dies umfasst Ihre Beschäftigungspflichten, Fälligkeitstermine und Leistungserwartungen. Fragen Sie nach, um die Details zu klären, wenn es Unklarheiten gibt.

3. Fordern Sie Feedback von Ihrem Chef an. Das kann Ihnen helfen, beruflich voranzukommen. Fordern Sie Feedback zu Ihrer Arbeit ein und seien Sie offen für Kritik. Verwenden Sie diese Kritik, um Ihre Leistung zu verbessern und nicht mehr dieselben Fehler zu machen.

4. Seien Sie proaktiv: Ergreifen Sie die Initiative, um Probleme selbst zu lösen. Warten Sie nicht auf Anweisungen Ihres Chefs. Denken Sie stattdessen an Gedanken und Ideen, die der Gruppe oder der Organisation zugute kommen.

5. Vertrauen aufbauen: Eine produktive Arbeitsbeziehung setzt voraus, dass Sie Vertrauen zu Ihrem Chef aufbauen. Seien Sie bei all Ihren Interaktionen zuverlässig, aufrichtig und offen mit ihnen. Dies kann zu mehr Freiheit bei Ihrer Arbeit und mehr Vertrauen in Ihre Fähigkeiten führen.

Offene Kommunikation, Verständnis für die Erwartungen Ihres Vorgesetzten, Priorisierung von Aufgaben, Einholen von Feedback, proaktives Handeln und Aufbau von Vertrauen sind allesamt notwendig, um effektiv und effizient mit ihm zusammenzuarbeiten. Wenn Sie diese Empfehlungen befolgen, können Sie eine solide Arbeitsbeziehung zu Ihrem Vorgesetzten aufbauen und beruflichen Erfolg erzielen.

Kapitel Vier

Merkmale und Charakterzüge eines respektablen Mitarbeiters

1. Zuverlässigkeit: Ein ausgezeichneter Mitarbeiter ist jemand, auf den man sich verlassen kann, dass er stets pünktlich erscheint, Fristen einhält und seine Aufgaben fehlerfrei erfüllt.

2. Positivität: Ein verdienter Mitarbeiter hat eine positive Einstellung, bewahrt auch unter schwierigen Umständen Optimismus und ist ständig bestrebt, neue Dinge zu lernen.

3. Kommunikationsfähigkeiten: Ein Mitarbeiter, der effektiv mit Kollegen, Klienten oder Kunden kommunizieren kann, ist eine wertvolle Bereicherung für jedes Unternehmen.

4. Teamspieler: Ein verdienstvoller Mitarbeiter erkennt den Wert der Teamarbeit an, bringt Ideen ein und hilft anderen.

5. Initiative: Arbeitgeber schätzen immer Mitarbeiter, die Initiative zeigen, sich freiwillig neuen Projekten annehmen und alles tun, um die Erwartungen zu erfüllen.

6. Anpassungsfähigkeit: Ein wertvoller Mitarbeiter ist flexibel, anpassungsfähig und in der Lage, Veränderungen effektiv zu bewältigen.

7. Professionalität: Ein professioneller Mitarbeiter zeigt einen hohen Standard an ethischem Verhalten bei der Arbeit und ist respektvoll und höflich.

8. Liebe zum Detail: Ein guter Arbeiter ist bei der Ausführung seiner Aufgaben akribisch und stellt sicher, dass alles genau und fehlerfrei ist.

9. Fähigkeiten zur Problemlösung: Ein verdienstvoller Mitarbeiter hat die Fähigkeit, Probleme frühzeitig zu erkennen, die Situation einzuschätzen und praktikable Lösungen anzubieten.

10. Zuverlässigkeit: Ein würdiger Mitarbeiter muss auch Beständigkeit in der Leistung zeigen. Sie halten ihre Versprechen und sind zuverlässig und vertrauenswürdig.

Kapitel fünf

Ratschläge für den Versuch, ein verdienstvoller Mitarbeiter zu sein:

1. Setzen Sie sich Ziele. Spezifische, gut definierte Ziele zu haben, kann Sie bei der Arbeit motiviert und konzentriert halten. Setzen Sie sich messbare Ziele, um jeden Bereich zu erreichen, in dem Sie wachsen oder sich verbessern möchten.

2. Suchen Sie nach Herausforderungen: Zögern Sie nicht, Aufgaben oder Projekte anzunehmen, die außerhalb Ihrer Komfortzone liegen. Hier findet echtes

Lernen und Fortschritt statt, und es kann Ihnen helfen, neues Wissen und Einsichten zu erwerben, die Ihnen langfristig helfen können.

3. Feedback akzeptieren: Wachstum und Lernen hängen von Feedback ab, sowohl positivem als auch negativem. Seien Sie empfänglich für Kritik von Kollegen, Vorgesetzten und Kunden und nutzen Sie die Chance, daran zu wachsen und daraus zu lernen.

4. Entwickeln Sie eine Wachstumsmentalität. Eine Wachstumsmentalität ist die Überzeugung, dass die eigenen Fähigkeiten und Fertigkeiten im Laufe der Zeit verfeinert und verbessert werden können. Indem Sie eine Wachstumsmentalität entwickeln, können Sie Probleme und Hürden mit Optimismus und Entschlossenheit angehen und darauf vertrauen, dass Sie sie mit Anstrengung und Beharrlichkeit überwinden können.

5. Bleiben Sie auf dem Laufenden und relevant: Im heutigen schnelllebigen, sich ständig verändernden Geschäftsumfeld ist es entscheidend, in Ihrer Branche auf dem Laufenden und relevant zu bleiben. Dazu gehört, sich über Markttrends und empfohlene Vorgehensweisen auf dem Laufenden zu halten, an Networking-Treffen und Konferenzen teilzunehmen und, wann immer möglich, nach Schulungs- und Entwicklungsmöglichkeiten zu suchen.

Beratung, wie Sie die Produktivität steigern, Stress abbauen, Burnout vorbeugen und ein gesundes Gleichgewicht zwischen Arbeit und Leben halten können.

1: Priorisieren Sie Ihre To-Do-Liste, indem Sie jeden Punkt zu Beginn eines jeden Tages nach Wichtigkeit ordnen.

2. Machen Sie häufig Pausen. Regelmäßige Pausen können helfen, Stress abzubauen und die Konzentration im Laufe des Tages zu verbessern. Gehen Sie zum Entspannen spazieren, dehnen Sie sich oder üben Sie tiefes Atmen.

3. Grenzen setzen. Durch klare Work-Life-Grenzen können Mitarbeiter ihr Privat- und Berufsleben in Einklang bringen.

4. Nutzen Sie Ihre Zeit sinnvoll: Planen Sie Ihre Arbeit fristgerecht, um Aufschub zu vermeiden, und planen Sie Zeit für Ihre eigenen Interessen ein, um nicht auszubrennen.

5. Hilfe suchen: Wenn Sie Hilfe benötigen, sprechen Sie mit Ihren Kollegen oder Vorgesetzten. Eine positive Arbeitsatmosphäre kann den Mitarbeitern helfen, sich weniger gestresst zu fühlen und produktiver zu sein.

6. Machen Sie regelmäßig Sport: Studien haben gezeigt, dass regelmäßige Bewegung die allgemeine Gesundheit verbessert, was Stress abbauen und die Arbeitsleistung verbessern kann.

7. Nehmen Sie an Achtsamkeitsaktivitäten teil: Aktivitäten wie Tagebuchschreiben oder Meditation, die Achtsamkeit fördern, können Ihnen helfen, sich besser zu konzentrieren und sich weniger gestresst zu fühlen.

8. Machen Sie Pläne für einen entspannten Kurzurlaub: Das Erstellen von Reiseplänen kann den Mitarbeitern helfen, sich zu entspannen, neue Energie zu tanken und sicherzustellen, dass sie gut ausgeruht und bereit sind, mit neuer Kraft an die Arbeit zurückzukehren.

9. Förderung der Selbstfürsorge:
Arbeitgeber können die Selbstfürsorge fördern, indem sie Mitarbeiter-Wellness-Initiativen unterstützen und Ressourcen für psychische Gesundheit bereitstellen.

10. Betrachten Sie Ihre Erfolge:
Wenn Sie an Ihre beruflichen Erfolge zurückdenken, können Sie sich motivierter, weniger gestresst und zufriedener mit Ihrer Arbeit fühlen.

Kapitel sechs

Wie man in einer Firma aufsteigt, eine Gehaltserhöhung aushandelt und nach neuen Möglichkeiten sucht, die zu den eigenen Interessen und Fähigkeiten passen.

So verhandeln Sie über eine Gehaltserhöhung:

1. Machen Sie Ihre Hausaufgaben:
Bevor Sie Ihr Gehalt aushandeln, finden Sie heraus, was der übliche

Satz für Ihre Position in Ihrem Bereich ist. Dies kann Ihnen helfen, ein Gefühl dafür zu bekommen, was Ihre Fähigkeiten und Erfahrungen derzeit auf dem Markt wert sind.

2. Heben Sie Ihre Beiträge hervor: Stellen Sie bei der Bitte um eine Gehaltserhöhung sicher, den Wert hervorzuheben, den Sie der Organisation im vergangenen Jahr gebracht haben. Zeigen Sie, wie Sie die Erwartungen übertroffen oder zusätzliche Aufgaben übernommen haben.

3. Vertrauen haben: Haben Sie Vertrauen in Ihre Fähigkeiten und Fertigkeiten. Bei Lohnverhandlungen ist Selbstbewusstsein gefragt. Bereiten Sie Ihren Pitch im Voraus vor und seien Sie bereit, auf Fragen oder

Bedenken Ihres Arbeitgebers einzugehen.

4. Seien Sie anpassungsfähig:
Wenn Ihr Arbeitgeber Ihr gewünschtes Gehalt nicht anbieten kann, seien Sie bereit, andere Vorteile zu besprechen, wie z. B. mehr Urlaub, flexible Arbeitszeiten oder Aufstiegschancen.

Innerhalb Ihres Unternehmens befördert werden:

1. Interesse bekunden: Lassen Sie das Unternehmen wissen, dass Sie daran interessiert sind, auf der Karriereleiter aufzusteigen. Besprechen Sie Ihre beruflichen Ambitionen mit Ihrem Vorgesetzten und der Personalabteilung und lassen Sie sich beraten, wie Sie sich am besten für Chancen positionieren können.

2. Stellen Sie Verbindungen her: Vernetzen Sie sich mit Kollegen und Managern in verschiedenen Abteilungen, um Verbindungen herzustellen und Ihr Wissen und Ihre Fähigkeiten zu erweitern.

3. Übernehmen Sie mehr Verantwortung: Fordern Sie mehr Aufgaben oder Verantwortlichkeiten von Ihrem Chef an. Dies wird Ihren Wunsch und Ihre Fähigkeit nach mehr demonstrieren und kann Türen zu anderen Interessenten öffnen.

4. Finden Sie Mentoren: Suchen Sie innerhalb der Organisation nach Mentoren, die Ihnen bei der Navigation auf Ihrem Karriereweg helfen und Ratschläge geben können.

Prüfung potenzieller Jobmöglichkeiten:

1. Bestimmen Sie Ihre Interessen und Fähigkeiten: Identifizieren Sie Ihre Stärken, Schwächen und einzigartigen Fähigkeiten. Berücksichtigen Sie Ihre Interessen und die Art von Jobs, die Sie glücklich machen.

2. Suchen Sie nach möglichen Positionen: Um potenzielle Jobs zu finden, die Ihren Talenten und Interessen entsprechen, nutzen Sie Jobbörsen, Linkedin und Networking-Möglichkeiten.

3. Gestalten Sie Ihren Lebenslauf und Ihr Anschreiben spezifisch für die Stelle, für die Sie sich bewerben, indem Sie Ihre Qualifikationen hervorheben, die den Anforderungen entsprechen.

4. Bereiten Sie sich auf Vorstellungsgespräche vor: Informieren Sie sich über die Mission, die Werte und die Kultur des Unternehmens, indem Sie etwas darüber recherchieren. Bereiten Sie sich darauf vor, Ihre Qualifikationen und Erfahrungen ausführlich zu besprechen und üben Sie die Beantwortung typischer Bewerbungsfragen.

Fazit

Zusammenfassend lässt sich sagen, dass es mehr erfordert, als nur zur Arbeit zu erscheinen und seine Arbeit zu erledigen, um ein verdienter Mitarbeiter zu sein. Es erfordert die Fähigkeit, kalkulierte Risiken einzugehen, sich über seine Komfortzone hinauszudrängen und bei allem, was man tut, nach Perfektion zu streben. Sie können diese Qualitäten weiterentwickeln, neue Dinge lernen und im Laufe der Zeit als Person wachsen, was Sie zu einem großen Gewinn für Ihr Unternehmen macht und Ihnen hilft, sowohl persönlich als auch beruflich erfolgreich zu sein.

www.ingramcontent.com/pod-product-compliance
Lightning Source LLC
Chambersburg PA
CBHW071146220526
45467CB00015B/2037